AF223514

AL. GAYET

# ANTINOË

ET

## LES SÉPULTURES

DE

# THAÏS ET SÉRAPION

PARIS

SOCIÉTÉ FRANÇAISE D'ÉDITIONS D'ART

9, RUE BONAPARTE

1902

# EXPLORATION D'ANTINOË

48222. — PARIS, IMPRIMERIE LAHURE

9, rue de Fleurus, 9

AL. GAYET

# ANTINOË

ET

## LES SÉPULTURES

DE

## THAÏS ET SÉRAPION

PARIS

SOCIÉTÉ FRANÇAISE D'ÉDITIONS D'ART

9, RUE BONAPARTE

1902

# L'EXPLORATION D'ANTINOË

15 novembre 1898.

Mesdames et Messieurs,

Voici trois ans qu'ont commencé les fouilles d'Antinoë, et, deux fois déjà, j'ai résumé, devant vous, les résultats acquis par les sondages opérés au milieu des décombres de la cité hadrienne. Le premier point acquis, dans cette voie de recherches, a été le plus important. Il nous a permis de préciser un passé incertain : celui de la période qui précéda l'érection de la ville gréco-romaine; et, par contre-coup, de déchiffrer un lambeau d'énigme : les raisons qui décidèrent l'empereur de Rome à choisir le site où s'éleva Antinoë.

Antinoë! Ce nom seul évoque en nous un écho assourdi de la tradition hellénique, répercuté à travers tout le Moyen Age, avec la figure mystérieuse du bel éphèbe couronné de pampres que nous a léguée la statuaire antique. Nous entrevoyons, comme en un mirage, les jeux olympiques, les quadriges évoluant dans l'arène, les lutteurs se disputant les prix, les représentations du théâtre, les processions, les panégyries se déroulant autour des temples consacrés au culte de l'Osiris-Antinoüs.

1

Oui, mais par delà cette mise en scène commémorant le souvenir du sacrifice de sa vie, fait par lui à son maître, afin de conjurer le destin qui condamnait Hadrien à mourir, si son ami le plus cher ne s'offrait en holocauste à sa place, une civilisation avait sûrement existé sur le coin de terre voué à sa mémoire, dont l'efflorescence de la civilisation romaine avait effacé jusqu'à la trace; et c'était cette ancêtre lointaine qu'il s'agissait de retrouver.

Le dégagement du temple consacré là par Ramsès II, le Sésostris des Grecs, et englobé en plein cœur de la cité funéraire, fut une révélation, qui, en même temps qu'elle nous affirmait l'existence de la ville pharaonique, nous prouvait, par les inscriptions couvrant les murailles et les colonnades, que la principale divinité vénérée dans la région était la déesse par excellence de la Basse-Égypte, qualifiée de Régente d'Héliopolis, — *Henti-nou-An* —; et ce nom expliquait le rébus qui, sans doute, avait fait choisir ce repli de la vallée du Nil par l'empereur Hadrien pour y bâtir sa cité commémorative; le titre de l'ancienne déesse en faisant, en quelque sorte, la protectrice d'Antinoüs.

Ce point élucidé, restait à préciser la topographie des divers quartiers de la ville romaine. Les fouilles reportées vers les buttes de décombres, marquant, à l'est, l'extrémité de la voie triomphale, mettaient bientôt à jour une colonne de granit rose, d'un mètre et demi de diamètre; et, successivement, sortaient du sol la base et le chapiteau de cette colonne; puis une autre; puis plusieurs autres, avec leurs entablements. Couchées sur le sable, à trois mètres de profon-

Le grand temple pharaonique. — Dégagement des portiques.

deur, elles avaient mis autrefois aux portiques d'une cour majestueuse la frondaison factice de leur feuillage d'acanthe. L'ordre, de belle proportion, n'avait pas mesuré moins de onze mètres de haut au total. Particularité curieuse : alors que tout est granit dans cette cour, le chapiteau est de calcaire tendre, pris entre un fût monolithe et une architrave mesurant cinq mètres de volée. Pourquoi cette singulière anomalie? En examinant de près les refouillements des sculptures, il est aisé de reconnaître, tout au fond des creux, des traces de dorures; autrefois, ce chapiteau tout entier était doré, simulant un chapiteau d'or. Le calcaire, plus poreux que le granit, était plus apte, sans doute, à recevoir et à garder la couche métallique. Toutes les surfaces étaient d'ailleurs pareillement recouvertes d'un léger stuc coloré. L'ensemble du monument se découpait au soleil en gammes polychromes intenses, donnant à chaque élément architectonique une valeur abstraite. La fulgurance des ors planait sur le tout, mettant déjà, dans un cadre classique, le premier rayonnement de cet éclat fastueux qui allait être la tendance suprême de l'art byzantin.

Derrière cette cour, un pro-naos s'ouvrait, bâti, lui aussi, tout en granit rose de Syène. Les corniches tombées étaient taillées dans des blocs immenses, d'un mètre et demi de haut, sur cinq de long. Au milieu d'elles, les débris d'une statue de basalte noir gisaient, représentant l'Isis-Déméter, debout, la tête coiffée du *pschent* égyptien; le corps pris dans un manteau aux plis rigides, image de la déesse, arrachée à son sanctuaire, au jour de la profanation du temple, et brisée là par quelque moine copte, ainsi qu'en maint panégyrique de pieux anachorète nous en trouvons la mention.

Dans la même région, les sondages mettaient bientôt à jour un second temple romain, de proportions moins imposantes, mais tout aussi vaste, avec la même cour, entourée de portiques, les mêmes colonnades, les mêmes chapiteaux dorés.

Mais, si dans la cité commémorative d'Hadrien, les temples se dressent à chaque pas, comme autant de témoins venant affirmer la grandeur à laquelle ils concoururent, la nécropole où dort la population qui autrefois vécut dans son enceinte était susceptible de révéler, à elle seule, ce passé dont la ville des vivants n'avait été que le cadre. Aussi, les travaux du temple de Sérapis suspendus, l'exploration eut-elle pour but de retrouver la ville des morts.

La position d'Antinoë rendait cette recherche particulièrement difficile. A cheval, pour ainsi dire, sur la plaine et le désert, elle décrit un vaste parallélogramme, dont on devine encore le tracé, sous l'accumulation des sables arrêtés par les murs d'enceinte, au pied des contreforts rocheux qui l'enserrent à l'est. Entre ceux-ci et les anciens remparts, une zone aride, large d'un kilomètre en moyenne, s'étend, sans que rien laisse deviner la présence des sépultures antiques. Au sud, une vallée, l'*Ouady Ghamous*, s'ouvre; au nord, un brusque circuit de la roche double la largeur du désert. Et cette roche elle-même, coupée de ravines où viennent s'écouler les eaux des pluies, de gorges et de défilés escaladant les hauts plateaux, donne naissance à tout un dédale de circonvallations, d'anfractuosités et de criques, que les sables ont conquis. A mi-côte, quelques hypogées, creusés en pleine roche vive, annoncent la présence des tombes de l'époque pharaonique. Mais, dévastés et transformés en cellules par les moines thébains, toute trace de leur disposition primitive a

Le grand temple pharaonique. — Dégagement de la salle hypostyle.

complètement disparu. C'était là un indice, pourtant, et si ces tombes violées ne pouvaient donner un document positif sur leurs anciens habitants, d'autres, peut-être, avaient échappé aux déprédations des chercheurs de trésors et des ermites. Ce fut donc au creux du principal cirque qu'elles dominent que commencèrent les premières investigations.

Le résultat ne fut point celui qu'on était en droit d'espérer; mais, dans son imprévu, il venait compléter d'une heureuse façon la découverte du temple de Ramsès II, et confirmer l'hypothèse, émise alors, que ce temple n'était autre que la chapelle funéraire d'Antinoüs; et que la tombe de celui-ci, dissimulée aux flancs d'une montagne voisine, avait renfermé autrefois ou renfermait même encore sa momie. De sépultures gréco-romaine, il n'existait aucun vestige; tout au plus, à l'entrée de la gorge, quelques fosses chrétiennes, d'assez basse époque, avaient-elles usurpé un emplacement autrefois réservé à une destination mal définie, ainsi qu'il résultait de l'examen du sol, où les couches géologiques bouleversées et la présence de fragments de poteries, rejetés pêle-même avec le sable, sur les cadavres, attestaient l'existence de mouvements antérieurs. La chose constatée, il fallait à tout prix reconnaître ces monuments. Aussi, les sondages furent-ils activement poussés, s'avançant progressivement vers le pied de la montagne. Tout d'abord, ils ne rencontrèrent que de nouvelles tombes chrétiennes; puis celles-ci cessèrent brusquement, pour faire place au désert; et, un instant, on put croire qu'il fallait renoncer à trouver le mot de l'énigme et chercher ailleurs. Enfin, une dernière tentative mettait à jour de grandes jarres fuselées, nervées, hautes de plus d'un mètre, soigneusement scellées d'un large cachet de terre glaise, qui jadis avaient été déposées là, debout, dans les sables. Chaque coup de pioche maintenant en rencontrait, côte à côte, par files régulières; elles formaient un véritable dallage indiscontinu, caché sous le sol de la vallée. Les matières qu'elles renferment varient à l'infini. Les unes contiennent des céréales, des fruits, des gâteaux de miel, des galettes de farine; d'autres, vides, avaient été sans doute emplies de liquides, à en juger par les dépôts tartreux dont l'intérieur était enduit. D'où provenaient ces vases? Évidemment, ils avaient été déposés à titre d'offrandes. Pourquoi et par qui? Comment expliquer

Le grand temple d'Isis. — Dégagement des portiques.

leur quantité innombrable? A toutes ces questions il n'est possible de répondre que par des hypothèses, pour cette raison que cet immense « Champ d'offrandes » est un témoin muet. Pas une inscription, pas un objet faisant date, pas un signe personnel, rien, en un mot, susceptible de nous fournir un indice, ne vient à notre secours.

Un premier pas n'en était pas moins fait. Ces jarres avaient été déposées là par des caravanes de pèlerins, venus de toutes les villes de l'Égypte. L'institution des pèlerinages remontait à la plus haute antiquité. Abydos, où la légende plaçait la tombe d'Osiris avait, dès l'aurore de la période historique, vu les fidèles venir en foule, conduits par les prophètes et les prêtres, au jour de la célébration des mystères, pour déposer l'offrande auprès du divin sépulcre. Puis, cette coutume, qui avait fait partie intégrante des croyances religieuses, relatives à l'existence du *Double*, s'était transformée en fêtes canoniques, dans la suite des temps. Selon cette croyance, le *Double* du mort, l'être psychique, continuait à vivre au fond de la tombe, d'une vie identique à celle de la créature à laquelle il avait été uni sur terre. Il avait faim, il avait soif; il lui fallait des provisions funèbres; de là l'idée de victuailles, réelles ou fictives, à déposer auprès du tombeau. A la mort de l'individu, c'était à la famille à pourvoir à cette offrande. Le dieu de l'Égypte, dont la vie terrestre avait été de tous points identique à celle de l'homme, devait être ainsi vénéré par le peuple tout entier. Et comme les soucis de la vie quotidienne avaient fait imaginer qu'il suffisait que ce devoir fût rendu au défunt une fois l'an, à l'anniversaire du décès, il s'ensuivait qu'au jour de la mort d'Osiris, l'Égyte entière se trouvait à Abydos.

Plus tard, la coutume tomba en désuétude, et ne fut plus qu'une cérémonie pieuse, à laquelle prirent part les seuls fervents, qui aspirèrent à une sainteté parfaite; quelque chose d'analogue aux pèlerinages aux Lieux-Saints pour les chrétiens, ou de la Mekke pour les musulmans. Chacun n'en continuait pas moins à porter son offrande vers la tombe divine; si bien, qu'à l'époque de la douzième dynastie (2500 ans avant notre ère), les vases ainsi déposés étaient nombreux, à ce point, que, du désert situé au nord-est de la ville, des fouilles exécutées dernièrement en ont été exhumés plusieurs millions.

Mais, si la présence de ce « Champ d'offrandes » s'explique à Abydos, il n'en est pas de même à Antinoë, où la tradition ne plaçait aucun pèlerinage. Les grands événements de l'histoire mythique qui

s'étaient déroulés dans la région où devait s'élever la ville d'Hadrien, la victoire d'Horus sur Set, la conclusion de la trève éternelle promulguée entre les deux dieux, avaient eu le village d'Achemouneïn, situé sur la rive opposée du fleuve, pour théâtre; l'antique Chemounou, la ville des huit dieux, où Thot, généralissime et premier ministre d'Horus, fut particulièrement adoré. D'autre part, la nature même des jarres retrouvées, leur forme, la composition de la pâte, mille indices enfin prouvaient qu'il était impossible de les faire remonter à une date anté-rieure à celle de la domination gréco-romaine. C'était donc à la fonda-tion même d'Antinoë que l'institution des pèlerinages qui les avait accumulées là devait, sans aucun doute, se rapporter.

Cette constatation venant se joindre à la découverte du temple de Ramsès II suffisait à établir péremptoirement qu'Antinoüs fut, ainsi que j'ai essayé de l'établir déjà, enterré en Égypte, selon les préceptes du rite pharaonique, et, qu'identifié à Osiris par les collèges sacerdo-taux, il reçut les honneurs jusque-là réservés aux dieux. Un pèleri-nage vers la tombe de l'Osiris-Antinoüs avait été décrété par eux; l'Égypte entière s'y était rendue; et, comme si ce n'était point assez de ces preuves matérielles, un texte, connu depuis le commencement de notre siècle sous le nom d'inscription de l'obélisque Barberini, tout récemment traduit par M. le docteur Erman, venait, en même temps, confirmer cette hypothèse, en nous donnant de précieux ren-seignements touchant le culte rendu au favori de l'empereur.

Cet obélisque qui, aujourd'hui, se dresse à Rome, sur la place du Pensio, et qui relate les honneurs rendus à Antinoüs, fut-il érigé par Hadrien dans sa capitale ou rapporté d'Égypte par Héliogabale? La question est, à cette heure, encore insoluble. Mais, même en admet-tant une origine romaine, les détails qu'il nous donne ont trait à des cérémonies accomplies en Égypte; il ne saurait y avoir de doute à cet égard.

Tout d'abord, il nous apprend qu'Antinoüs, revêtu des honneurs divins, et identifié à Osiris, était adoré sous le nom d'Osiris-Antinoüs,

THAÏS ORANTE

et que son culte se confondait avec celui du dieu thinite. Son entrée au ciel pharaonique est exprimée en ces termes : « Son cœur est en allégresse, parce qu'il a connu sa forme nouvelle. Il voit son père Horus; il respire les souffles de vie. Le Seigneur de Chemounou, Thot, le maître de ce qui est écrit, rajeunit ses membres; la place de ses

Le grand temple d'Isis. — Dégagement du sanctuaire.

pieds est dans la salle de la déesse Mâ. » Ce dernier passage est particulièrement caractéristique. La salle de Mâ est celle de la déesse de vérité, — Mâ, — où Osiris, entouré d'assesseurs, présidait au pesage des âmes; ce qui prouve à quel point l'identification était poussée, Antinoüs y prenait la place du dieu.

Le paragraphe suivant décrit les cérémonies du culte antinoïte : « On fait l'offrande sur les autels de l'Osiris-Antinoüs. On y place le rituel des dieux, devant lui, chaque jour. *On vient à lui de toutes les villes*. Il est reconnu pour dieu par l'*Égypte entière*. Il est adoré par les prophètes et les prêtres du Midi et du Nord[1]. »

Ce second paragraphe ne laisse place, lui non plus, à aucun doute. Le culte décrit est le culte égyptien : les prêtres du Midi et du Nord sont ceux de la Haute et de la Basse Égypte; les prophètes, ceux d'Horus et de Set. Enfin, un pèlerinage a été institué à Antinoë, en l'honneur du nouvel Osiris, auquel prennent part les habitants de toutes les villes, de même qu'autrefois leurs ancêtres s'étaient rendus à Abydos.

Passons maintenant à une dernière phrase, moins claire en apparence, mais que nous tâcherons d'expliquer d'une façon logique. « C'est Antinoüs qui est là, et qui repose en cette localité, qui est le champ adjacent de la Dame puissante, Rome. Là se trouve un temple du dieu Osiris-Antinoüs, bâti en beau calcaire blanc, entouré de sphinx, de statues, ainsi que le faisaient les Ancêtres et les Ptolémées après eux. »

Le second membre de cette phrase peut être expliqué sans difficulté, si l'on admet que le monument auquel il est fait allusion soit situé en Égypte. Que ce temple n'ait pas été réellement bâti par Hadrien, n'importe, l'usurpation ayant été, de toute antiquité, le plus fréquent système de construction employé. Mais, M. le docteur Erman, et d'autres après lui, se basant sur ce fait que l'obélisque Barberini aurait été érigé à Rome par Hadrien, — ce qui, une fois encore, n'est

---

1. La Haute et la Basse Égypte.

pas prouvé, — croient devoir traduire « le champ adjacent de la Dame puissante, Rome, » par « le Champ de Mars », ce qui transporte, du même coup, la sépulture d'Antinoüs fort loin de la rive du Nil.

Quelles raisons ont-ils de traduire ainsi? J'ai beau chercher, je ne vois pas. Si l'on veut bien me permettre une comparaison, fort peu

LE TEMPLE DE SÉRAPIS. — Dégagement des portiques de la cour.

scientifique, j'en conviens, mais tout à fait en situation, je ferai remarquer qu'invariablement, lorsqu'il est question des tombes de nos soldats morts en pays étranger, en Syrie, par exemple, on s'exprime ainsi : « Ils reposent là, dans le cimetière français ». Et cependant, la terre où ils dorment n'appartient pas à la France, alors que l'Egypte, province romaine, faisait partie intégrante de l'empire d'Hadrien. Pour moi, « le champ adjacent de la Dame puissante, Rome, » n'est autre chose qu'un quartier de la nécropole antinoïte, voisin de celui affecté aux sépultures de la population gréco-romaine de la cité.

Comment expliquer autrement le passage précédent : « On vient à lui de toutes les villes de l'Égypte; il est adoré par les prophètes et les prêtres du Midi et du Nord ».? Et ces pèlerinages de l'*Égypte entière* vers la tombe du dieu, dont les fouilles ont retrouvé l'offrande, n'auraient donc été qu'un simulacre, si l'on admettait le transport de la dépouille mortelle d'Antinoüs à Rome? Et ce temple *égyptien*, bâti dans le voisinage de la tombe du dieu, aurait donc été également situé au Champ de Mars? Car, le texte est formel. « C'est Antinoüs qui est là, il repose en cette localité. *Là est un temple.* » Mais la basilique osiriaque d'Antinoë a été retrouvée par mes fouilles, tandis que celles pratiquées dans la Ville Éternelle n'ont jamais mis à jour le moindre monument égyptien. Non, les résultats acquis par l'exploration de la ville d'Hadrien ont confirmé deux des principales assertions de l'obélisque Barberini, celle relative à l'existence d'un temple *égyptien*, consacré au culte d'Antinoüs, et celle relative à l'institution des pèlerinages, se rendant à Antinoë de toutes les villes de l'Égypte. Et pour cela même, il y a tout lieu d'espérer que le vœu, qui dernièrement a été émis, « qu'une fouille bien menée remît à jour le tombeau d'Antoüs, » sera enfin exaucé. Mais, encore une fois, c'est en Égypte que la fouille devra être faite, et non à Rome, au Champ de Mars.

L'exploration du Champ des Offrandes terminée, les travaux reprirent à la lisière du désert, et de nouveaux sondages, poussés en tous sens, à travers la plaine des sables, rencontraient enfin divers quartiers de la nécropole. L'un semble plus spécialement affecté aux Égyptiens de religion et de race ; un autre, aux sépultures gréco-romaines ; un troisième, à celles des Byzantins. De toutes ces tombes, le caveau seul

Le temple de Sérapis. — Dégagement du pro-naos.

subsiste ; le monument qui en marquait autrefois la place ayant disparu, pour servir de matériaux à des constructions nouvelles. De là, le manque, sinon absolu, du moins général, de documents sur l'époque à laquelle il convient de classer chaque région, et la personnalité de ceux qui sont venus y reposer. De loin en loin, une stèle, échappée aux dégradations, un nom et une date inscrits sur un crépi,

3

fournissent des indications d'ensemble. Tout ce qu'on peut affirmer avec certitude, en se basant sur ces indices, est que le cimetière, tout entier, remonte à la période qui va de la fondation d'Antinoë par Hadrien à la conquête de l'Égypte par les Arabes d'Amrou (de l'an 140 à l'an 642 de notre ère), le quartier byzantin qui, de tous est le moins ancien, renfermant des divisions réservées aux officiers impériaux en résidence à Antinoë, alors que dans les nécropoles chrétiennes, postérieures à l'introduction de l'Islam en Égypte, toute trace de l'autorité byzantine à complètement disparu.

D'un quartier à l'autre de cette ville des morts, l'aspect des tombes diffère d'une façon sensible. Celles du premier consistent en un petit caveau, bâti en briques crues, établi à une profondeur de deux mètres du sol, dans lequel est déposé un sarcophage de bois sans ornements. Souvent, même, le mort est simplement couché sur un plancher, le corps emmailloté de bandelettes. Dans les deux autres groupes, ce caveau se réduit à une sorte de sépulcre, de la grandeur d'un cercueil. Deux ou trois dalles forment le fond, deux ou trois autres les côtés, deux ou trois autres encore le couvercle. A fleur de sol, un rectangle, tracé au moyen de briques, posées à plat, marque la place du tombeau, et forme comme un entourage, qui servit, peut-être, autrefois, de base au monument.

L'aspect des corps diffère sensiblement aussi. Dans le premier cimetière, le mort est le plus souvent embaumé d'une façon sommaire. Les objets qui l'entourent appartiennent au rituel antique; rien n'y annonce le culte romain.

Dans le second, les cadavres ne sont plus momifiés, mais quelque-
fois encore recouverts de bandelettes. Les sables les ont préservés
néanmoins, autant et plus que les plus subtils aromates et les plus
rares parfums. Les chairs se sont desséchées; la peau s'est durcie; sur
la face, un masque de plâtre, peint ou doré, où s'enchâssent des yeux

d'émail s'étale; mais, le plus souvent, le défunt est vêtu du costume
qu'il portait de son vivant, et les objets enterrés avec lui appartiennent
au culte égypto-grec.

Dans le troisième, enfin, ce dernier genre de sépulture est seul
usité.

Vêtements et objets retrouvés ainsi ont, pour l'histoire et l'art, une
valeur inestimable. Dans les sépultures romaines, dans celles de

l'époque byzantine, on a pu recueillir ainsi nombre de spécimens de costumes, alors portés par les habitants de la ville et les officiers impériaux; les images des dieux laraires en honneur à Antinoë; les mille choses familières dont chacun aimait à s'entourer. L'engouement de Rome pour l'Orient se manifeste par une recherche évidente des modes et des étoffes asiatiques. Quelques hommes ont le manteau long, avec col et revers, aux manches évasées. Pour les femmes, la tunique de mousseline de lin, richement brodée; la robe de laine, de couleur éclatante; le mantelet, à gros bourrelet de chenille, encadrant le visage, est l'unique toilette d'apparat. C'est la musicienne Thotesbent, chaussée de mules de cuir rouge ciselé et décorées d'appliques de cuir bleu, dorées au petit fer, ainsi que des reliures. La tunique transparente a un empiècement brodé de fleurettes vertes et jaunes, d'où descendent deux entre-deux, terminés par des médaillons lancéolés. Sa robe, de bourre de soie carmin, tombe droite, semblable de forme à la tunique; faite de deux lés d'étoffe cousus ensemble, auxquels s'adaptent des manches collantes, plus longues que le bras, et serrées par des poignets. De riches appliques ornent le tour du cou et les parements. Sur le tout, est jeté un mantelet orangé, pourvu d'un bourrelet de tour de tête, donnant la réminiscence du costume accusé par les statuettes de Tanagra. Dans les mains, ramenées sur le corps, un mouchoir à franges nouées. Çà et là, dans le sépulcre, des bouteilles à parfums, des cithares et des castagnettes d'ivoire, une figure archaïque d'Isis, des bijoux de bronze, et les perles d'un collier brisé.

Plus loin, c'est un officier du palais, vêtu d'un manteau de pourpre,

garni de soieries brochées, où, dans des médaillons, des oiseaux écartelés alternent à des rinceaux, à des trèfles et à des créneaux. Des jam-
bières de broderies Gobelins sont maintenues par un ceinturon, pourvu
de jarretelles. Les souliers gaufrés sont liés par des cordons de cuir.
Soieries, broderies, passementeries ont le coloris éteint, la joliesse
amortie des vieilles miniatures. Ce sont tantôt des mousselines de lin,
semées de fleurettes rouges, bleues ou jaunes; tantôt des soieries brochées, bleu et or, gris-vert et brun-rouge, avec motifs géométriques,
fleurs stylisées et rinceaux courants; tantôt des ganses, comme damas-
quinées de chevrons et de folioles. Puis, ce sont encore les objets enterrés avec le mort. De la tombe d'une dame byzantine sortait un miroir
à verre convexe étamé, enchâssé dans une monture d'argent; d'une
autre, des coussins de tapisserie, brodés peut-être sur le métier de la
défunte, et qui servirent à parer ses divans, avant d'aller former sa
couche funèbre; d'un autre encore, des figurines de terre cuite, un
*Horkhouti* ailé, chevauchant un sphinx; un Anubis, devenu entre les
mains du modeleur grec un caniche frisé; un Horus enfant, portant le
doigt à ses lèvres; des Minerves; des lampes funéraires, décorées
d'Amours et de têtes de Méduse; des pots de terre cuite et d'ivoire;
des Vénus d'argile émaillée; des masques de plâtre, d'un incomparable
fini d'exécution; dont l'un, celui d'une femme, coiffée à la manière de
l'impératrice Sabine, de larges bandeaux à petites boucles étagées, permet d'affirmer que la tombe fut contemporaine de la fondation d'Antinoë. La constatation a son importance, car elle permet d'établir que
déjà les modes asiatiques s'étaient imposées à la société romaine; celle

qui portait ce masque était revêtue d'une robe verte, d'un mantelet brun, et chaussée de mules de cuir, à dessins dorés.

J'arrête là cette nomenclature, qui, à se répéter, deviendrait forcément monotone, tant a été fructueuse la moisson glanée cet hiver en terre antinoïte. Qu'il me suffise de signaler encore les costumes byzantins donnant, pièce à pièce, tout cet ajustement si riche de couleurs, que nous ne connaissions que par les vieilles fresques : ces longues simarres rouges, vertes, violettes, aux tons morts, soutachées de passementeries; ces robes, ces manteaux, comme filigranés d'inextricables dessins. Puis encore des poteries, des bijoux, des anneaux de bronze ou d'argent, des vases de cuivre, des coffrets de bois ouvré et quantité d'objets usuels.

De ces résultats, je ne retiendrai que l'intérêt qui s'attache à la trouvaille des costumes romains et byzantins, aux étoffes de lin brodées et de soieries brochées. Jusqu'à ce jour, rien de tout cela ne nous était connu que par l'image, les statues et les bas-reliefs, les sculptures de Salonique, les fresques de Sainte-Sophie, celles de Saint-Vital et de Saint-Apollinaire de Ravenne, et les miniatures des évangéliaires ou des livres liturgiques byzantins. Grâce à la découverte de la nécropole d'Antinoë, il est possible maintenant de créer à Paris un musée gréco-byzantin, une galerie unique au monde, capable de fournir à l'histoire de l'art et aux artistes des documents d'une inappréciable valeur. A Pompéï, on a recueilli avec un soin jaloux des lambeaux de toile roussie par l'incendie, retrouvés sur les cadavres exhumés des cendres de la ville, et cette collection, si pauvre pourtant, a suffi à fixer l'attention

du monde savant. Notre enseignement artistique gagnerait à cette
création, d'avoir à sa disposition des modèles, que jusqu'ici il avait été
réduit à reconstituer à grand peine. Je me souviens encore avoir assisté
jadis aux séances de costume antique, sur modèle vivant, qui, à
l'École des Beaux-Arts, ont lieu chaque année, sous la direction de

M. Heuzey. Quelle patience et quel
soin méticuleux mettait l'éminent
archéologue à rétablir ce qu'avait pu
être autrefois la draperie de la toge
romaine! Que de recherches il avait
été amené à faire sur les figures de
la sculpture classique, pour présenter
à ses auditeurs une matrone, vêtue
de la robe aux longs plis! A voir ces
modèles, si pareils aux statues qui

Isis-Déméter. — Statue de basalte.
Fouilles du temple d'Isis.

peuplent nos musées, on sentait l'impeccabilité du savant, mais la
reconstitution manquait de vie. C'était une projection esthétique; et
puis, un point demeurait toujours obscur. Il était impossible de préciser la nature de l'étoffe employée, sa couleur, sa rigidité ou sa sou-
plesse. Pour l'époque byzantine, l'incertitude se faisait plus grande
encore. Les peintures nous donnaient bien la couleur, mais la coupe
du vêtement, son aspect vrai sur le corps, en un mot, le pli de la
vie, le dessin des broderies dont le vêtement était orné, nous res-
taient inconnus, tant la fresque orientale, ignorante des lois du relief
et des perspectives, ne nous a montré jamais que des figures brossées

en teintes plates, où pas une ondulation d'étoffe ne s'accuse, où pas un accessoire ne s'enlève franchement sur un fond.

Pour l'art décoratif, la création de ce musée ne serait pas moins importante. Ces soieries romaines, restées jusqu'ici inconnues, celles en qui s'incarna le luxe légendaire de Byzance, sont déjà tissées d'après les divers procédés en usage encore aujourd'hui. Ces léopards passants, ces aigles écartelés, ces rinceaux florescents, ces semis de fleurettes qui s'étalent dans les méandres de leurs dessins, sont tramés, ainsi que le seraient des motifs analogues, sur nos métiers à cartons modernes. L'or est fixé à chaud sur les sandales, dont le cuir repoussé est si finement nervé. Les broderies des robes, des manteaux et des linceuls, sont exécutées sur fils tirés; les filets servant à maintenir les cheveux des femmes sont l'origine de la dentelle; les passementeries, les galons, dénotent un fini de travail que nous ne faisons qu'égaler. Les verreries, les ivoires, les cuirs, les étains, les terres émaillées, les bois ouvrés, les cuivres, fournissent tout un champ de recherches. Faut-il citer encore le miroir de verre étamé, retrouvé dans les mains d'une Romaine? Il prouve, à lui seul, que l'étamage des glaces était connu aux premiers siècles de notre ère, contrairement à la croyance, généralement admise, que les femmes d'alors n'avaient à leur disposition que des miroirs de métal.

Voilà pour le côté pratique de l'œuvre entreprise. Mais l'exploration en elle-même atteint à des régions beaucoup plus hautes; elle exhume une civilisation, elle restitue le cadre où se manifesta son efflorescence; sous la pioche des ouvriers, un autre Pompéi surgit de son linceul. Un à un, des quartiers de la ville fameuse se précisent ; des maisons se dégagent des sables et des décombres, avec leurs étages encore plafonnés, leurs escaliers où manquent quelques marches à peine, leurs cours bordées de dépendances, les canalisations qui amenaient l'eau dans le bassin de leur *atrium*. Les rues se dessinent ; les places publiques reprennent leur aspect d'autrefois, avec l'alignement de leurs portiques dont les bases apparaissent en place, avec les vasques brisées des fontaines décorant les carrefours, avec les tronçons des colonnes votives qui jadis portèrent les glorieuses icônes de l'Osirs Antinoüs.

Miroir étamé
retrouvé dans le cimetière romain.

Ce n'est plus le champ de désolation entrevu les années d'avant. Sous le rideau mouvant des sables, il était imposible de deviner la cité funéraire. Des bords du Nil aux confins du désert, c'était alors une série d'ondulations molles, coupées de ravins, d'où sortaient à peine quelques pans de murs de briques, semblables à des ossements, qui auraient transpercé un tumulus. De loin en loin, les buttes de décombres, semées de poteries, se faisaient collines ; elles atteignaient vingt à vingt-cinq mètres et même plus. Sur leurs pentes, quelques palmiers, quelques tamaris, avaient pris racine dans la terre des briques pulvérisées, et y jetaient un peu de fraîcheur et d'ombre.

A chaque instant, des troupeaux de chameaux passaient, pliant sous le poids de sacs de poussière recueillie dans les ruines, le *sébakh* arabe, qui, dans les champs, remplace l'engrais. De place en place, des fellahs, demi-nus, perdus au fond de galeries, forées par eux, trouaient à grands coups ce sol historique. Auprès d'eux, des enfants tamisaient cette poussière des siècles, sur un crible grossier, et remplissaient les bâts. Puis, la récolte finie, bêtes et gens regagnaient le chemin du village voisin, laissant derrière eux une vision de cité morte, cherchant à se lever de son cercueil, mais impuissante encore à se manifester ostensiblement.

Aujourd'hui, c'est une autre Pompéi, surgie, non des cendres, mais des sables, avec la précision rigoureuse d'un dégagement méthodique. Chaque avenue, chaque place, chaque rue, chaque ruelle, réapparaissent; chaque monument se dresse, avec ses colonnes, ses entablements, ses cours, ses sanctuaires; chaque coin de la cité reprend son primitif aspect. Le tableau se peint sous les couleurs où il se peignait aux visiteurs de l'époque antique; ce que ceux-ci ont vu, nous le rétablissons aussi sûrement que si nous avions été leurs compagnons.

Quand le voyageur remontait le Nil, à bord de l'une de ces barques à la proue effilée, à l'immense voile triangulaire, si semblables à la *dahabieh* moderne, ce qu'il distinguait d'abord d'Antinoë, c'était le cadre de ses montagnes ; la courbe d'un immense hémicycle de falaises dorées, aux ombres bleuâtres, où s'étageaient les nécropoles pharaoniques et romaines, semant leurs pentes de blanches chapelles ou de rouges édicules, les uns surmontés de pyramidions dorés, les autres de frontons triangulaires, couronnés de palmettes et de griffons ailés.

Au bas, sur la plaine, une ligne indiscontinue marquait le tracé de l'enceinte, vaste parallélogramme, d'une lieue de long, sur plus d'une demi lieue de large. Des terrasses de temples, des .obélisques et des colonnes dépassaient seuls le sommet des remparts. Sur la rive opposée, Chemounou, la ville des huit dieux, la ville fabuleuse, qui se rattachait aux légendes des dynasties divines, s'estompait dans le lointain, sur son tertre dominant la campagne, pareille à une acropole géante ou à quelque formidable palladium.

La barque touchait enfin aux quais bordant la rive droite du fleuve. De larges escaliers, dont quelques marches encore subsistent, qu'on distingue sous le limon, à l'époque des basses eaux, lui permettaient d'accoster aisément. L'escalier gravi, un vaste *dromos* s'étalait devant le visiteur, semé de piédestaux, portant des sphinx, couchés dans la pose consacrée; précédant un peuple de statues, debout à la porte de la ville. Abritée sous un arc triomphal, celle-ci s'entourait de propylées de granit rose de Syène, dont quelques colonnes, encore debout,

HORUS-EROS ET LE SPHINX.
Groupe de terre cuite
retrouvé dans le cimetière romain.

ont résisté à l'action du temps. Cette porte franchie, une voie triomphale se déroulait devant lui, bordée de temples et de somptueux édifices. Des portiques à arcades, soutenues sur des pieds-droits, la lon-
geaient des deux côtés. Tour à tour, il passait devant les sanctuaires des
dieux de l'Olympe, devant les thermes et le forum, devant les temples
de Sérapis et d'Isis. De distance en distance, des fontaines et des
colonnes votives se profilaient aux carrefours, formés par les avenues
d'Hadrien et de Septime-Sévère. D'autres portiques couraient aux
flancs de celles-ci, semblables à ceux de la voie triomphale, avec
leurs statues enchâssées sous les arcades. Des mâts se dressaient au-
devant, couronnés à leur sommet de banderoles de soie pourpre ou
hyacinthe. A l'extrémité sud de l'avenue de Septime-Sévère s'étageait
le théâtre, où les auteurs les plus fameux faisaient réciter les odes
composées en l'honneur du nouvel Osiris. Le temple de Ramsès II se
dressait au côté opposé, entouré de ses bosquets sacrés et de ses
lacs, où, aux fêtes anniversaires du sacrifice accompli par le favori
d'Hadrien, les prêtres à la tête rasée, vêtus de longues robes blanches,
venaient remorquer la barque dont nous parle saint Épiphane. Plus
loin, c'était les thermes d'Hadrien, si admirablement conservés
à travers les siècles, qu'aujourd'hui encore, leurs étuves, leurs pis-
cines, leurs canalisations, leurs machines hydrauliques, sont en parfait état. Puis, c'était de nouveaux temples, de nouvelles chapelles,
de nouveaux reposoirs, où s'arrêtaient, aux jours de fête, les cortèges;
de nouveaux édifices publics, semés dans les lacets des rues serpen-
tant dans ce quadrilatère immense, où s'agitait une population en

habits asiatiques, aux couleurs tranchantes, où à peine, de loin en loin, apparaissait la robe ou la toge de quelque matrone grecque ou de quelque vieux romain.

Bien que cité funéraire, une vie intense se manifestait dans chaque quartier, aujourd'hui encore palpable, avec les traces qu'elle nous a laissées. Voici les maisons, hautes seulement d'un étage, du quartier populeux, habité par les artisans. Ici étaient établis les verriers, dont les fours sont encore entourés d'innombrables fragments de vases, de pâte en fusion, moitié sables agglomérés, moitié déjà vitrifiée; de pièces de rebut, déformées par la cuisson. Voici le quartier des batteurs d'or, où, dans les échoppes basses, les creusets conservent encore des traces de matières précieuses. De minces parcelles de feuillures d'or traînent par places sur le

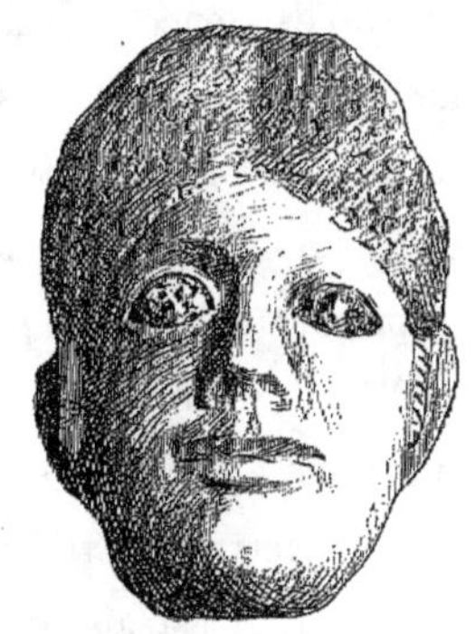

MASQUE DE FEMME ROMAINE
(Plâtre peint).
Fouilles du cimetière romain.

sol. Voici le quartier des marchands de papyrus, des écrivains publics peut-être, et, dans des sortes de boutiques, ouvertes à tous les vents, des monceaux de rognures de rouleaux et de fragments de manuscrits.

Plus loin, c'est le quartier bourgeois; les maisons vastes et discrètes, percées sur la rue de quelques fenêtres à peine, éclairant la loge du portier et les dépendances; l'*atrium*, avec sa piscine, et les appartements aux vastes pièces; les escaliers étroits, accédant aux terrasses; les ventilateurs qui aspiraient les brises du nord.

Plus loin enfin, tout au sud-est, ce sont, à n'en pas douter, les palais, ensevelis sous des masses énormes de décombres et de poteries brisées. La moindre de ces collines ne mesure pas moins de vingt mètres de haut. Quelques puits de sondage, forés au travers, ont prouvé l'existence d'épais murs de briques crues, recouverts de fresques sur stucs, exécutées dans des gammes claires; mais, jusqu'ici, l'insuffisance des crédits mis à ma disposition m'a empêché, de même qu'au temple égyptien, de même qu'aux temples romains, de même que partout ailleurs, de pousser plus loin.

A l'étroit dans la ceinture de ses murailles, la ville d'Hadrien n'avait point tardé à déborder sur la campagne, en aval du fleuve, sur l'étroite bande de terre cultivable qui se déroule au pied des falaises. Des villas, dont il est aisé de reconnaître quelques arasements, s'étaient groupées là, au milieu des bois de palmiers. A l'est, l'hippodrome s'était planté en plein désert, avec sa piste immense, restée telle qu'elle fut au temps des jeux olympiques; et ses gradins, auxquels ne manquent aujourd'hui que leurs revêtements de marbre, employés comme matériaux de construction. Tout au sud, enfin, c'étaient des villas encore, enlisées maintenant sous les sables descendus des plateaux bordant l'*Ouady Ghamous*.

Telle est l'œuvre accomplie, et tel le résultat acquis; l'une et l'autre ont dépassé les espérances qu'on avait osé concevoir, étant données les modestes ressources dont l'exploration dispose. Voici deux ans, sa première tentative avait été un succès. Elle avait retrouvé un temple ignoré, qui à lui seul était une révélation historique. Mais ces questions planent loin de nos soucis, et ne préoccupent qu'un petit nombre de savants, qui, malheureusement, sont peu souvent d'accord entre eux.

Aujourd'hui, qu'en dépit de l'indifférence de tous, elle a su s'imposer par de nouvelles découvertes qui, cette fois, intéressent non plus les seuls savants, mais tout le grand public, artiste et lettré; qu'elle a démontré la possibilité de doter Paris de collections incomparables, d'y créer un musée gréco-romain unique au monde, de fournir à notre enseignement des documents inédits, en sera-t-il encore de même? La même indifférence récompensera-t-elle mes efforts?

Et à côté de ce résultat pratique, un autre se dessine, plus grand, plus généreux, le dégagement de cette ville fameuse, qui, du même coup, renaîtrait à la lumière; nouvelle Pompéi, réapparue soudain, non point morte à jamais, comme sa sœur latine, sous la coulée brûlante de lave qui calcina jusqu'au moindre vestige de sa civilisation, mais avec la résurrection de sa population, réveillée au fond de ses caveaux, et réapparue soudain, dans le cadre de son existence, avec ses habitudes d'autrefois et la parure de ses jours de splendeur.

Mais, qu'on se hâte, si l'on ne veut courir le risque de voir passer ce trésor de la nécropole d'Antinoë en d'autres mains, après n'avoir eu que l'honneur de le découvrir.

# SÉRAPION ET THAÏS D'ANTINOË

---

15 novembre 1901.

Mesdames et Messieurs,

Depuis l'inauguration des fouilles que je dirige à Antinoë, j'ai régulièrement, chaque année, à cette date, exposé devant vous les résultats acquis au cours de chacune de mes campagnes. Ç'a été d'abord le compte rendu de l'exploration première; la découverte et le dégagement des temples; puis celui des premières recherches, poussées à travers les nécropoles; l'évocation de la civilisation antinoïte, après la reconstitution du cadre où elle avait fleuri. La ville fameuse a secoué son linceul de sable, pour apparaître à vos regards, comme une autre Pompeï; les morts se sont levés, Lazares aux yeux vides, avec leurs visages d'autrefois, où ne manque que l'éclair des prunelles; et le luxe raffiné, qui souleva les colères des sages, est devenu aussi palpable pour vous, que si vous en aviez été les contemporains. Voici deux ans, je vous montrais quelques modèles de costumes; et les scènes figées des fresques se faisaient tableaux vivants, sans que rien fût changé à la symétrie hiératique des silhouettes. Je me suis efforcé alors de vous présenter les personnalités ressuscitées

5

de Thotesbent, la musicienne; d'Euphemiaân, la brodeuse, la Péné-
lope d'Antionë, pour mieux dire; de Tisoïa, l'épouse d'Aurélius Collu-
thus; celles d'autres mortes anonymes, mais qui avaient gardé tellement vivace, en dépit des siècles, le pli de la vie, l'empreinte de leurs
préoccupations, de leurs joies et de leurs peines, que peu importait
leur nom. Après avoir visité les temples ou les villas; avoir gravi les
sanctuaires, ou assisté aux jeux du cirque, il devenait facile de péné-
trer le secret de leur existence; et le charme de cet autrefois lointain
se faisait plus captivant. Ah! les vers tendres du poète!

> *Les mortes, en leur temps, jeunes et désirées,*
> *D'un frisson triste et doux troublent nos sens rêveurs.*
> *Et la fuite des jours, le retour des soirées*
> *Nous font sentir la vie, avec d'âpres saveurs!*

Quelle justification éclatante de leur vérité, que cette exhumation
de tout un passé de décadence, où, sous la couronne de fleurs qui
parait les fronts de cette population en habits de gala, pour se rendre
à la nécropole, comme à une fête du Triomphe de la Mort, transper-
cent les complexités de l'existence, avec leurs espoirs et leurs soucis.

Cette année, la trouvaille marquante faite a été la découverte des
tombes de Sérapion et de Thaïs d'Antinoë; et c'est d'elles seules que
je vous parlerai, laissant de côté tout le reste, tant le nom de Thaïs
a eu le privilège de fixer sur lui l'attention.

Des polémiques s'engagèrent même un instant; les journaux se
partagèrent en deux camps; les uns voulant assimiler Sérapion à

celui de la tradition et Thaïs à celle de la légende ; les autres démontrer l'impossibilité de cette identification. Tour à tour, je fus inter-
rogé par les uns et par les autres, et, des deux côtés, on interpréta
mes réponses, selon le terrain sur lequel on avait pris position.

Un jour, j'étais censé avoir déclaré que Thaïs était bien celle mise

Les corps emmaillotés. — Fouilles du cimetière byzantin.

en scène dans le roman du poète dont, tout à l'heure, je vous citais
les vers ; le lendemain, avoir affirmé tout le contraire. La vérité se
trouvait juste entre ces deux opinions extrêmes ; et maintenant, que
le silence est venu, il est temps que je rétablisse enfin les faits, en
exprimant moi-même mon sentiment.

Tout d'abord, je vous répéterai ce que je n'ai cessé de dire pendant
un mois, à qui venait me questionner. « Je n'ai aucun document
probant, me permettant d'identifier les deux corps exhumés de la
nécropole d'Antinoë au Sérapion et à la Thaïs historiques. Je n'en ai

aucun non plus, m'autorisant à attester le contraire; et, dans ces conditions, la loyauté m'interdit de me prononcer. »

C'est cette réponse ambiguë qui permettait à chacun de donner libre carrière à son imagination. L'adversaire de l'identification cherchait à m'envelopper de phrases insidieuses. Il insistait sur le costume de Thaïs d'Antinoë, pour obtenir une réponse dans le genre de celle-ci : « Ce n'est pas un habit de moniale ». Et sa conclusion était que je déclarais impossible l'identification. Le partisan de celle-ci arrivait à la charge à son tour : « Sait-on exactement où Thaïs a vécu? Sait-on où elle se rendit, en quittant Alexandrie? » Et, sur ma réponse, que les longs voyages et les déguisements étaient fort en usage aux premiers siècles du christianisme égyptien, il concluait que Thaïs avait fort bien pu venir mourir en Thébaïde; encore une fois, je n'ai rien qui m'autorise à l'affirmer ou à le nier. Scientifiquement, il faut avoir des pièces irréfutables en main, pour l'un ou l'autre. Je n'en ai pas. Mais, ceci posé, je vais essayer de classer les documents susceptibles de servir à l'étude de la Thaïs antinoïte, tout en gardant la réserve que je me suis imposée tout d'abord.

Une Thaïs chrétienne n'a pu vivre qu'au commencement du IV<sup>e</sup> siècle, et en Haute Égypte. La prédication de l'Évangile ne se propagea dans la vallée du Nil qu'avec la persécution dioclétienne, (de 295 à 311), dont le premier martyre fut l'évêque d'Antinoë, Abadion. Jusque-là, l'Égypte ne comptait que de très rares adeptes de la foi nouvelle, en dehors d'Alexandrie. Mais ceux-ci, ralliés au Gnosticisme qu'avaient enseigné, aux premiers siècles, Basilide et son

LES CORPS APRÈS LE DÉPOUILLEMENT. — Fouilles du cimetière byzantin.

disciple Valentin, puis à la secte des néo-platoniciens, Origène, Dydîme l'Aveugle, n'étaient en réalité que des païens, revivant les doctrines du Phédon, sous le couvert du christianisme. L'acétisme, le cénobitisme étaient encore inconnus.

La persécution de Dioclétien bouleversa seule cet état de choses. Au cours de cette répression fameuse, l'Égypte entière se convertit. L'inquiétude des lendemains de ces temps troublés poussait, tout naturellement, les fidèles à fuir le spectacle des journalières tueries. Ils se retiraient au désert, pour y vivre de cette vie de contemplations et d'extases, qui correspondait si parfaitement au caractère égyptien.

Saint Antoine, le premier des solitaires, était né en 240, et avait vécu quatre-vingts ans dans la montagne de Qolzoum, au bord de la mer Rouge, sans rencontrer un être humain, sans prononcer une parole qui ne fût une prière. Ses continuateurs, Paul, Athanase, Macaire, Pakhôme se placent tous dans le courant du ive siècle. D'autre part, et ce point est capital, le premier couvent de femmes fut fondé à Athribis, — aujourd'hui Sohag, en Haute Égypte — par Marie, sœur de saint Pakhôme, vers 340. Donc, une Thaïs nonne, une Thaïs moniale n'a pu vivre que dans le courant du ive siècle, et en Haute Égypte, Alexandrie n'ayant jamais été fréquentée par les ermites. Il fallait les aller trouver au fond des déserts.

Ces données générales posées et ces réserves faites, Sérapion et Thaïs d'Antinoë n'en demeurent pas moins deux figures attachantes. Sérapion, type parfait de l'anachorète, vêtu de bure brune et noire, le corps

couvert de ceintures et d'anneaux de fer, passés autour du torse, des
bras et des jambes ; un lourd collier de fer au cou, supportant une
large croix. Ce costume, au cilice de fer près, revêtu en signe de mor-
tification, est celui décrit dans la vie copte de saint Antoine. Le grand
solitaire ne fuyait pas seulement au désert le spectacle de l'abjection
des passions humaines, il y fuyait son propre ennui. « Mais —
disent les textes, — cet ennui s'appesantissait toujours de plus en
plus sur lui. Un jour, qu'il était dans sa caverne, il entendit une
voix qui l'appelait : — Sors, dans le désert, pour voir. — Il sortit, et vit
un ange, assis à terre, tressant des palmes. L'ange était couvert d'une
robe de bure brune et d'un manteau de bure noire, ceint d'une
écharpe de croix. La voix venue d'en haut reprit, disant : — Antoine,
fais ainsi, et tu seras en repos. — Et Antoine revêtit un costume
semblable à celui qu'il avait vu porté par l'ange. Il s'assit à terre et
se mit à tresser des palmes. Et, depuis ce jour, l'ennui le quitta ;
l'ange ne revint plus. »

Le costume de Sérapion d'Antinoë est donc semblable à la description qui nous est donnée de celui porté par saint Antoine. Le spécimen, jusqu'ici, est unique. Qui était ce Sérapion ? Il semble impossible de l'identifier au grand Sérapion, le scolastique, évêque de
Thmuïs, frère d'armes de saint Athanase, dans sa lutte contre l'aria-
nisme. Les faits de sa vie nous sont connus, et nulle part il n'est fait
mention d'Antinoë. Ce fut, sans doute, l'un de ces solitaires ignorés,
retirés dans l'idéale montagne de rêve, qu'est la montagne antinoïte,
tellement creusée de grottes, qu'on dirait une ruche immense. Pour

se rendre compte de ce que pouvait y être l'existence d'un ermite, il faut l'avoir visité, ce coin de désert, où se déroulèrent les heures de méditation d'une telle vie; avoir reconstitué celle-ci en pensée; en avoir, en quelque sorte, soi-même vécu.

C'est que, de toute l'Égypte, bien peu sont favorables au développement du mysticisme, à l'égal de celui qui se déroule aux alentours de la ville hadrienne. Dans la banlieue même de la cité, nombre de néo-

LA VALLÉE DES TOMBEAUX (nord-est d'Antinoë).

phytes s'étaient retirés, dès le temps des persécutions, pour vivre d'extase, dans les grottes formées par les anciennes carrières, d'où avait été extraite la pierre nécessaire à la construction de l'Antinoë romaine. Là, pour se livrer aux pieuses pratiques, qui constituaient leurs habituels exploits, — combattre les tentations, la paresse et le sommeil, — ils avaient agrandi ces cavernes; leur avaient ajouté salles après salles; y avaient taillé dans le roc des absides et des autels. Mais, de tous les points du cirque, décrits par la blonde falaise, leurs regards, malgré eux, retombaient sur la ville réprouvée. S'ils ne percevaient point le spectacle des fêtes célébrées en l'honneur de l'Osiris-Antinoüs; s'ils ne voyaient ni les processions des prêtres égyptiens, portant sur leurs épaules la barque dont parle saint Épiphane; ni l'encensement des images du bel Éphèbe; ni les courses de l'hippodrome; ni les représentations du théâtre; si même, les bruits mouraient dans l'immensité de la plaine de sables étalée à leurs pieds, ils savaient que, par delà les murs qui s'estompaient à sa limite, siégeaient les magistrats du « Dragon vomi des Enfers », surnom peu aimable, que, dans leur sainte colère, ils appliquaient à Dioclétien.

Aussi, pour fuir l'infernale vision, avaient-ils cherché quelque anfractuosité, qui les isolât du monde extérieur; quelque gorge sauvage, où se croire loin des misères terrestres. Elles abondent, ces retraites, sur les croupes abruptes de la montagne; et ce qu'ils y cherchaient, il est possible, aujourd'hui encore, de l'y trouver.

Du seuil de ces grottes, d'où le regard s'étend à perte de vue sur la vallée, on est déjà bien loin du monde! Sur la corniche de la falaise, l'altitude de cent mètres à peine semble immense; et la buée bleutée des réverbérations, montées des sables, qui ondoient à ses pieds, en exagère l'éloignement. Le Nil se déroule, en longs festons moirés, qui, quoique larges d'un kilomètre, paraissent ceux d'une rivière de médiocre importance; les palmiers sont à peine reconnaissables, au milieu des champs cultivés.

L'étroite ouverture qui donne accès dans la grotte franchie, vous êtes déjà dans la pénombre. Pourtant, une petite fenêtre s'ouvre, à l'un des recoins, au-dessus de gradins, taillés dans la paroi. Avant de gravir ceux-ci, vous ne percevez qu'un pan de ciel bleu, d'un bleu profond, lumineux, intense. Mettez la tête à cette fenêtre, et le paysage de tout à l'heure gagnera encore en éloignement. Sur votre gauche, c'est un éboulis de rochers roulés, comme par quelque main titanique, marquant l'entrée de l'une de ces vallées, qui sont comme autant de chemins, vers un monde surnaturel. Sur l'effroyable déchirure du rocher, des vautours blancs, aux ailes frangées de jaune, planent dans une immobilité hiératique. Comme on se représente un saint Jean Lycopolis, regardant ainsi l'infinitésimalité de la vie physique, pour s'exalter davantage dans la plénitude d'âme, où il vécut durant cinquante ans !

Mais, ce n'est là que l'une des impressions, les plus mesquines, perçues à cette place. L'orgueil de l'être pensant. Il frémit trop encore, au rappel de l'existence. Avancez dans ce labyrinthe béant, où, à mesure, les ténèbres s'épaississent. Bientôt, c'est la complète obscurité. Des piliers, ménagés pour soutenir les pressions de la roche ; des encoignures et des retraites ; des sortes de pilastres, à peine dégrossis, coupés, hachés, ainsi qu'on se les figure au fond des habitations de l'âge

JARRE DE TERRE CUITE.
Sépulture
de Thaïs d'Antinoë.

de pierre, apparaissent tour à tour avec des profils vagues, inquiétants, formidables. Des bancs, taillés à même la montagne, semblent des lits d'éternel repos. Bientôt, d'autres salles s'ouvrent au passage, où les mêmes silhouettes se découpent, à demi baignées d'une lueur vague, jaune, dorée, flottant dans un rais de lumière étrange, qui glisse en poudroyant dans l'ombre, comme échappée à quelque foyer mystérieux. Une autre fenêtre, percée de même que la première, ouvre tout au fond de la galerie, sans doute, mais pour l'instant est invisible. Et ce rayon filtré semble un feu surnaturel, éclairant un ciel de nuit. Asseyez-vous sur ce banc, que maintenant vous devinez à peine. Entrez même dans ce réduit obscur, que vous avez découvert en tâtant la paroi du rocher, tant il vous est impossible d'en distinguer l'entrée. Devant vous, à votre grande surprise, une tache jaune pâle vient se poser, apparition fantastique, hallucinante, de quelque puissance invisible, qui vous a suivi à la trace. La voici qui grandit, grandit, grandit; vos yeux maintenant accoutumés aux ténèbres suivent ses progrès de minute en minute. La voici qui s'anime, qui se meut, tel que pourrait le faire un esprit. Elle s'avance, elle vous frôle; il vous a semblé voir une âme passer.

Un mouvement anxieux de la tête, pour la suivre, et vous vous apercevrez que le rayon de tout à l'heure, de réverbération en réverbération, d'émanation en émanation, est venu frapper jusque dans votre retraite. Mais, tout cela, nous l'analysons, l'anachorète se contentait de le sentir! Il vivait là des jours de méditation, en proie à cet état d'âme, que la théologie appelle « la délectation morose », se livrant, entre temps, à de singuliers exploits de mortifications. L'histoire de Paul d'Antinoë en est le plus complet spécimen; il me suffira de vous la résumer.

Une première fois, il s'attache une pierre au cou, et reste ainsi qua-

L'ENSEVELISSEMENT DE THAÏS

rante jours pendu, la tête en bas, jusqu'à ce que le sang lui sorte
par la bouche et les narines, et qu'il ait rendu
l'âme. « Alors, disent les textes, le Seigneur lui
restitua son âme. « Aussitôt, il se jette au Nil, et
après être resté un grand nombre de jours sous
l'eau, meurt une seconde fois. Le Seigneur le
ressuscite de nouveau. Il s'enterre dans le sable,
sans plus de succès; le Seigneur lui rend encore
son âme. Il se précipite du haut de la montagne, et roule sur les silex, qui lui déchirent tout
le corps; vaine tentative; il meurt sur l'instant,
mais pour renaître aussitôt. Il remonte alors sur
la falaise, et se jette sur une pierre tranchante,
qui le coupe en deux, sans plus de résultats.
Maintes fois encore, il renouvelle ses tentatives;
le Seigneur toujours lui rend son âme. Las cependant de cet office, Jésus, en personne, lui appa-
raît et lui dit : « C'est assez, ô mon ami Paul, de
t'être fatigué ainsi ». Mais, comme le saint ne
tient point compte de la recommandation, il re-
nonce à « lui rendre son âme » et le laisse en-
terrer auprès de l'un des saints les plus réputés
d'Antinoë, l'Amba Beschaï.

Fragment du sarcophage
de Thaïs d'Antinoë.

Le tombeau de Thaïs d'Antinoë, de tous points
semblable à celui de Sérapion, consistait en un caveau, bâti en bri-

ques crues, et couvert d'une voûte plein cintre. A l'est, une niche, établie en retrait extérieurement, portait, sur un stuc grossier, une inscription maladroitement tracée en rouge. Le plâtre écaillé était tombé par places; on y lisait les mots :

• EKOIMHΘHMA

KAPIAΘAIAC

ΘECCA...

Ici repose la Bienheureuse Thaïs..., puis un mot qu'il est difficile de préciser.

A l'intérieur, un cercueil vermoulu et disjoint renfermait un corps, vêtu de l'appareil habituel des bandelettes, passées par-dessus le costume, recouvrant le cadavre. Tout l'intérêt archéologique de la trouvaille se concentrait sur les objets déposés dans ce cercueil : des corbeilles de jonc tressé; un chapelet de bois et d'ivoire; une croix ansée; des palmes et une rose de Jéricho.

La corbeille de jonc tressé est celle que nous ne connaissions jusqu'ici que par les peintures. C'est celle qu'on voit aux mains des morts, convives du banquet des élus. Un passage de saint Jérôme en commente en ces termes le symbolisme :

*Nihil illo dilius qui corpus Domini portat in vimineo canistro et sanguinem in vitro.*

Nul n'est si riche que celui qui porte le corps du Seigneur dans une corbeille de jonc, et son sang dans un vase de verre.

Et nous savons effectivement, par les Actes du Synode d'Hippone,

tenu en 393, auquel assistait saint Augustin, qu'il fallut une con-
damnation formelle de l'Église, pour empêcher les chrétiens d'Orient
d'enfermer les Saintes Espèces dans leurs cercueils, et de donner la
communion aux morts, *après leur mort*; l'hostie tenant alors lieu
de la pièce d'argent, destinée à payer le passage du fleuve funèbre,
coutume qui avait pris naissance dans l'usage de la *Communion*

Thaïs et Sérapion d'Antinoë.

*domestique*, permettant aux fidèles d'emporter chez eux le pain et
le vin consacrés. Ramenés à un sens purement symbolique, la corbeille et les étuis à gobelets représentent le couvert du bienheureux
au banquet du paradis.

Le chapelet s'identifie moins aisément. Pour avoir désigné de ce
nom les plaquettes d'ivoire, montées dans une boiserie, en forme d'escalier, où s'estampe la croix, flanquée de l'α et de l'ω, je me suis attiré
force critiques. L'usage du chapelet, m'a-t-on objecté, ne remonte
qu'à l'époque des Croisades; ce que je savais pertinemment. Mais,
avant cette date, la coutume se répandit, à n'en pas douter, de réciter
certaines prières, répétées dans un certain ordre. Mes contradicteurs
expliquaient, eux-mêmes, que les anachorètes se remplissaient la bou-

che de cailloux, qu'ils crachaient à chaque psaume ou à chaque verset. Ce primitif moyen ne pouvait manquer de se civiliser; et le *Compte prières*, analogue au *Beltidum de Pater noster* dont il est fait mention dans le Synode anglais de Celchyt, tenu en 816, sous la présidence de Wulfred, archevêque de Cantorbéry, dut, de bonne heure, être en usage. Celui de Thaïs est pourvu d'un tiroir, renfermant une petite croix. Sur la plaquette d'ivoire de la marche inférieure, deux rangées de dix cercles sont tracées; le cadre de bois est percé de deux rangées de trous semblables. La plaquette de la marche supérieure a douze cercles; le cadre, dix trous au total. Sur la plate-forme, qui couronne le tout, dix autres trous sont évidés; se répartissant cinq à droite, cinq à gauche d'un pivot commun, qui leur servait de centre. Comment s'égrenaient les cinq dizaines de ce chapelet? Quelles étaient les prières? L'étude de la vie des saints égyptiens nous l'apprendra sans doute un jour.

Il suffira de faire remarquer, pour l'instant, que la forme d'escalier affectée par ce chapelet garde un ressouvenir du rituel des temps antiques: l'escalier du dieu grand, Osiris, qui, pour l'Égyptien, avait été une autre personnification du dieu bon.

Et d'ailleurs, la présence d'une rose de Jéricho, entre les mains de Thaïs d'Antinoë, n'est-elle point faite pour infliger un démenti formel aux théories des usages chrétiens, ne remontant qu'à l'époque des Croisades et de l'institution du Rosaire? Cette rose de Jéricho, — *l'Anastasica*, — c'est le symbole de l'immortalité et de la résurrection de la chair, la croyance populaire voulant qu'elle refleurisse chaque année, au jour et à l'heure où le Sauveur naquit. Le nom seul d'*Anastasica* signifie renaître. La rose de Jéricho, c'est la fleur qui ressuscite comme Jésus. Jusqu'ici, on admettait comme un fait acquis pourtant, que ce symbolisme ne remontait qu'à l'époque des Croisades et des pèlerinages des Occidentaux en Terre-Sainte. La découverte de

Thaïs et Sérapion d'Antinoë.

la tombe de Thaïs d'Antinoë vient à point démontrer qu'elle se rattachait à l'exercice du culte et au rituel des premiers temps de la chrétienté.

La croix ansée était pour l'Égypte un symbole de vie et de renaissance, l'amulette par excellence qui assurait la rénovation de l'être, en une série de recommencements indéfinis. C'est elle qu'on voit aux mains des dieux, dispensateurs de l'existence ; elle, qui, apposée aux narines des morts, au cours des opérations magiques, accomplies pendant les cérémonies des funérailles, met le *Double* en possession de la seconde vie; elle enfin, qui, échappée au disque solaire, descend en une chaîne sans fin sur terre, pour y assurer l'universelle vivification. Quant aux palmes, elles sont l'emblème du triomphe. Réservées ordinairement aux martyrs, elles pouvaient simplement témoigner d'une grande vénération.

Mais, si ce sens est connu, il est indispensable aussi de signaler le rôle tout particulier joué par les palmes en Égypte. A l'époque antique, elles sont, elles aussi, un indice de vie et de renaissance. C'est l'emblème de la déesse Tar, qui préside au renouvellement. Dans les textes, elles font partie intégrante de la phrase prononcée par les dieux, investissant le pharaon, leur fils, du pouvoir vivificateur : « Je te donne le renouvellement, en qualité de dispensateur des existences ». D'autre part, dans le rituel funéraire, elles sont le symbole de la résurrection.

A côté de ce sens, la littérature profane leur prête une signification de douceur et de joie, qui se synthétise par le nom de « Palme d'amour », donnée par l'Égyptien à la Dame de ses pensées. La plupart des odes, composées à l'époque de la XVIIIe dynastie (1500 ans avant notre ère), débutent ainsi : « C'est une palme d'amour, une douce palme de renaissance ».

Ce sens est conservé, en se modifiant, à l'époque chrétienne. La joie profane fait place à la joie spirituelle ; l'évocation sensuelle, à la délectation morose, selon la définition des théologiens. Que fait saint Antoine, au fond de son désert de Qolzoum, pour fuir l'ennui? Il tresse des palmes, ainsi qu'il avait vu faire à l'ange. Que fait saint Macaire, dans les solitudes de la montagne de Pernoudj, alors qu'il « fuit les sentiers foulés par les pieds des femmes? » Des tressages de palmes.

Pour compléter ce sens, il suffira de rapporter le passage suivant, extrait de la vie d'Amba Ephrem :

« Un solitaire de la montagne, Amba Ephrem, avait eu une vie exemplaire; mais l'orgueil de sa vertu le fit s'écrier un jour : « Il n'y a pas « de Satan ! »

« Entendant cela, le Chasseur se présenta aussitôt à lui, sous les traits d'un roi, accompagné de sa fille — les Coptes dotent le diable d'une fille — et de son armée.

« Je suis, dit-il à Amba Ephrem, le roi des Edo-« mites. Les Perses se sont révoltés contre nous et « nous ont vaincus. Et maintenant, fais une bonne « action : garde cette jeune fille près de toi, pour que « j'aille détruire mes ennemis. Si je ne suis pas re-« venu dans un mois, sache que j'aurai été défait. »

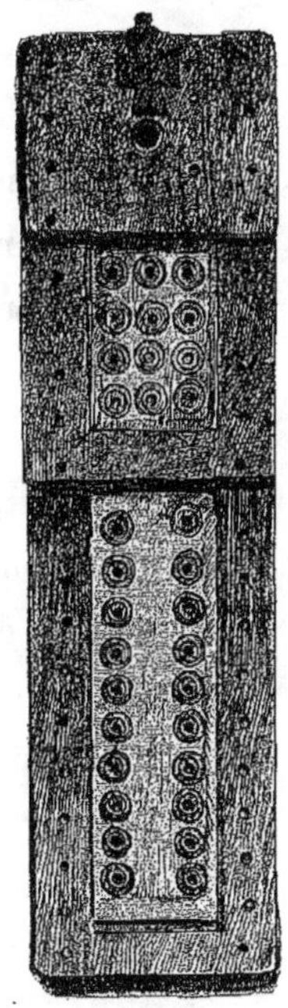

Le chapelet
de Thaïs d'Antinoë.

« Le mois écoulé, la jeune fille dit au vieillard : « Sache que mon père est mort ! Et main-« tenant, aie pitié de moi; épouse-moi, je prendrai soin de toi. « Si tu me chasses, les bêtes sauvages me dévoreront, et le Seigneur « te demandera compte de mon malheur. » Le vieillard lui répondit : « Je ne suis point de ceux qui se marient. » Mais elle insiste, et Amba Ephrem demande à réfléchir : « Attends que j'aie tressé

« ces branches de palmier, et, si le Seigneur le veut, la chose s'achè-
« vera. » Mais Schenoudi, — le plus grand saint des Coptes, — qui
lit ce qui se passe au fond de tous les cœurs, se lève et s'écrie du fond
de son monastère d'Athribis : « Seigneur, Seigneur, accepte-le ! Sei-
« gneur, Seigneur transporte-le près de toi ! » Et Amba Ephrem rendit l'âme, comme il achevait ses tressages. »

Ainsi, de tous les exemples qui nous sont fournis, il appert qu'un
symbolisme évident était indissolublement lié à la figuration des
palmes tressées. Idées de renouvellement et de renaissance d'une part,
de joies quiètes, proches voisines de la béatitude de l'autre, se fondent
en un tout complexe, dont la meilleure expression est ce récit de la
mort de l'un des plus fameux anachorètes, avec ce ressouvenir de
tentation et de volupté, qui s'y était mêlé aux temps anciens.

Si je me suis aussi longuement étendu tout à l'heure sur la description des grottes d'Antinoë; si je vous ai parlé incidemment de
costume de moniales, de travestissements et de longs voyages, c'est
que, pour vous donner une idée de ce que pouvait être la vie érémi-
tique ou cénobitique, j'avais l'intention de terminer cette esquisse,
forcément incomplète, sinon de la personnalité de Sérapion et de
Thaïs d'Antinoë, du moins du cadre de leur existence, en vous con-
tant quelques anecdotes empruntées aux panégyriques des solitaires de
la Thébaïde, sous cette réserve, une fois encore, que je me renferme
dans la neutralité que j'ai observée dès le début, quant à ce qui touche
aux questions d'identification de Sérapion et de Thaïs.

L'un de ces panégyriques, les plus en honneur parmi les moines, celui de la fille de Zénon, nous fournit de précieux renseignements à ce point de vue, et mérite qu'on s'y arrête. C'était un sujet familier aux auteurs coptes, pour exalter l'austérité des cénobites, que de mettre en scène une femme, qui, vêtue d'habits d'homme, s'était introduite dans un couvent, s'y était fait admettre parmi les moines, et avait usé là ses jours dans la prière et les mortifications. A sa mort, seulement, la pieuse fraude était découverte, alors qu'on dépouillait le cadavre, pour la toilette funèbre. Le plus souvent, l'histoire nous parvient sous forme d'homélie ou de sermon.

CORBEILLE TRESSÉE. — Sépulture de Thaïs d'Antinoë.

Zénon, dans le récit que je vais vous résumer, avait deux filles, toutes deux belles, accomplies et pieuses; toutes deux désireuses de se retirer au couvent. Mais l'empereur s'opposait à ce vœu, au grand désespoir des deux princesses. Un jour, l'aînée disparaît, sans qu'il soit possible de découvrir sa trace, quelque effort qu'on fît pour la retrouver. A quelque temps de là, la cadette tombe gravement malade. Mais le mal est sans remède, et les médecins se déclarent impuissants à la guérir. On décide que la science n'y peut rien, que la jeune fille est possédée du démon, et qu'il faut recourir à l'exorcisme. D'une commune voix, les moines de Nitrie, réputés pour leur sainteté, sont désignés comme seuls capables de procéder à cette opération. Conduite au désert, présentée successivement aux anachorètes les plus âgés et les plus avancés en sagesse, rien n'y fait. Prières, impositions de mains, onctions restent inefficaces. Enfin, on décide de confier la malade aux soins d'un jeune moine, arrivé depuis peu, mais déjà célèbre par ses exploits, et selon l'expression du texte, « rendu parfait en son adoration ». Cette fois, la guérison s'opère comme par enchantement. Mais, de retour à Constantinople, la princesse, interrogée par son père, lui raconte qu'elle a partagé la cellule du cénobite, qui la pressait tendrement dans ses bras, en la baignant de ses larmes. Scandalisé, Zénon mande en hâte celui-ci, et, naturellement, reconnaît sa fille aînée, à laquelle il permet alors de retourner à Nitrie, et de rentrer au monastère, où son identité ne devait être connue qu'après sa mort.

Le désert de Nitrie est riche en souvenirs de ce genre. Ce fut là également que se retirèrent Maxime et Domèce, fils de l'empereur Valentinien. Voici six ans, qu'en visitant les monastères de la région, j'ai pu voir la châsse où repose l'Amba Mérota, le Bienheureux Maxime. Quel concours de circonstances avait amené là le fils aîné de Valentinien? C'était l'époque où les pèlerins se rendaient en foule aux sanctuaires de la foi première. Ils visitaient la Thébaïde; Qolzoum et la grotte de Saint-Antoine; Nitrie et la laure de Saint-Macaire; d'autres encore, disparues aujourd'hui. Nombre de ces pèlerins se fixaient dans l'une ou l'autre de ces retraites. Maxime et Domèce étaient venus ainsi sans doute; et, de préférence, s'étaient arrêtés là.

Maintenant, dans l'ombre de la chapelle, une châsse de bois de cèdre, aux longues frises d'entrelacs et aux corniches de stalactites se dresse, éclairée par la lueur tremblante de cierges fumeux. A travers une vitre poussiéreuse, entourée de perles fausses, le regard distingue à peine

le visage momifié de l'anachorète, sa robe de pourpre et son manteau de drap d'or. A la question que je posai, au prêtre qui m'accompagnait, sur l'étrangeté de ce costume, porté par l'Amba Mérota, il me répondit que « ce vêtement évoquait le souvenir de la renonciation volontaire; qu'il disait ce qu'avait quitté l'héritier du trône, pour vivre de la vie des frères, en robe de bure, du couvent.

ÉTUI A GOBELET.
Sépulture de Thaïs d'Antinoë.

Ceci m'amène à vous parler du costume de Thaïs, si diversement apprécié; je me bornerai à vous en donner une description détaillée. Mais, auparavant, il me faut encore relater les renseignements que nous fournissent les textes sur la toilette funèbre, et les raisons qui présidaient au choix de la parure du mort.

Ce costume devait être un costume neuf, à moins d'avoir été porté dans une circonstance exceptionnelle de l'existence. A l'instant, par exemple, où se seraient manifestées quelques faveurs du ciel; quelques grâces particulières, ou bien encore, s'il avait été touché par quelques saints personnages, en un mot, si quelque souvenir pieux s'y rattachait indissolublement.

Pour ce qui est du costume neuf, les textes abondent en renseignements. C'est « l'habit glorieux », et chacun, selon sa condition, le choisissait le plus riche possible. Il me suffira de vous citer ce trait.

Un anachorète célèbre, Macaire de Thébaïde, qu'il ne faut pas confondre avec celui de Nitrie, cité au tribunal du gouverneur d'Antinoë, pour avoir incendié un temple païen, se dispose à s'y rendre, avec une robe fort délabrée sans doute, car, l'un de ses disciples lui conseille d'en mettre une qui soit moins sordide; ce à quoi Macaire répond : « Je garde ma robe neuve, pour comparaître devant le Seigneur! »

Voilà pour « l'habit glorieux ». Pour ce qui est des vêtements déjà portés, nous voyons saint Antoine demander à être enterré dans la robe du grand Athanase; puis, saint Macaire de Nitrie être, à son tour, enseveli dans celle de saint Antoine. Ce que je vous ai dit de la robe de pourpre et du manteau de drap d'or du fils de Valentinien, me dispense d'insister davantage sur ce point. L' « habit glorieux » pouvait être, avant tout, celui porté à l'instant où s'était manifestée la grâce; peu importait qu'il fût laïque ou religieux.

Le costume de Thaïs d'Antinoë consiste en une tunique de lin, garnie sur le bas d'une bande de velours bleu, non ciselé, brodée de chevrons et de médaillons florescents brun pâle. La forme est celle habituellement en usage pour le vêtement gréco-asiatique; deux lés d'étoffe cousus ensemble, empiècement cintré et manches rectangulaires, peu larges, laissant justè passer le bras. La robe, identique de coupe, est de laine jaune-olivâtre. Deux bandes de soie bleue, brochées d'écussons arabescaux jaunes, passent sur les épaules, formant étole, et redescendent jusqu'à la bordure du pourtour, derrière et devant. Cette bordure, d'une sorte de reps rouge, est brodée à l'aiguille de rinceaux jaunes et verts, et de larges médaillons foliacés, aux teintes amorties. Deux appliques remontent vers les genoux, accolées aux bandes de l'étole, terminées en pendentifs fleuronnés. Les pieds sont chaussés de mules de cuir brun, rehaussées de dorures au petit fer, où la croix s'estompe sur fond d'arabesques. Les cheveux sont pris dans une lon-

Les montagnes d'Antinoë
et les grottes des anachorètes.

gue écharpe de gaze rouge carmin, rayée de jaune sur les bords, et retombant sur les épaules librement. Sur ce voile, s'ajuste le bourrelet d'un mantelet brun, cantonné aux angles d'entre-deux multicolores, où se profilent les lièvres et les colombes du symbolisme primitif des catacombes. Un voile de fine mousseline s'étendait, au moment de la trouvaille, sur le visage, qui, dans le transport, est parti en lambeaux. Les suaires passés sur le tout complétaient cette toilette funèbre. De toile unie, sans la moindre marque, ils se trouvaient en fort mauvais état, et force m'a été de les abandonner.

Pour compléter ces détails, il ne me reste qu'à rétablir la disposition des objets retrouvés dans le sarcophage. Les palmes, passées sous chacun des deux bras, ramenés sur le corps, encadraient celui-ci, et se recroisaient sur le front. Aux mains jointes de la morte, était le chapelet, posé debout, sa plate-forme constituant la base. Les six étuis à gobelets se répartissaient sous le mantelet le long du cou, trois à droite, trois à gauche; la corbeille enfin recouvrait le visage, qui se trouvait ainsi emboîté dedans. La croix ansée et la croix grecque étaient placées sur le bras, à peu de distance du chapelet.

Tels sont les seuls documents que je suis en mesure de fournir à la critique comparée. Pour être complet, j'ajouterai encore que les tombeaux de Sérapion et de Thaïs formaient le centre de deux quartiers distincts de la nécropole antinoïte, où les sépultures situées dans leur voisinage immédiat semblaient appartenir à une époque plus ancienne que celles de la périphérie du cercle décrit. Enfin, ces deux caveaux de Sérapion et Thaïs étaient les seuls de ces quartiers, où les autres corps avaient été déposés dans les sables, sans cercueils.

Et maintenant que ces figures se sont précisées, sinon par elles-mêmes, sinon par leur état civil, du moins par des comparaisons et l'analyse de l'ambiane, je devine la question qui, dans votre esprit, se pose. Trouve-t-on trace de sentimentalité, chez l'ermite; en un mot, a-t-il pu être héros de roman? Eh bien non! J'ai compulsé la littérature copte tout entière; je n'en ai pas trouvé d'exemple. L'obsession de la femme est visible, dans cette littérature, mais pour la représenter, ainsi que vous l'avez vu par l'histoire de l'Amba

Un coin de la grotte d'un anachorète. — Vallée nord-est de la montagne d'Antinoë.

Ephrem, comme la fille de Satan. Cette fille de Satan, les auteurs s'accordent à la dire fort aimable et fort jolie. C'est pour eux la personnification de la tentation. Et le récit, devant forcément tourner à l'édification du lecteur, montre toujours l'inanité de celle-ci, vaincue qu'elle est par la piété du fidèle. Deux procédés sont employés pour arriver à ce résultat. Quand l'héroïne est la diablesse, la vertu du moine naturellement triomphe. Quand la courtisane entre en scène, la sainteté dont elle est témoin la touche; elle se convertit; sa nature première s'abolit. Dans l'un ou l'autre cas, la passion n'a rien à voir avec la tentation du moine ou la ferveur de la courtisane. Dans le premier cas, c'est une machination diabolique, déjouée par la protection d'en haut; dans le second, elle n'entre pour rien du tout. C'est une ruse du malin, aussitôt démasquée, aussitôt déjouée. Œuvre du génie du mal, elle se trouvait vaincue par la grâce. A la première invocation, même faite par un tiers, elle fondait et s'évanouissait. Maints exemples sont là, qui le prouvent. Et cette définition, sous une forme édifiante, recèle l'état d'esprit produit par l'ambiance : par ces jours vécus dans ces grottes, où tout sentiment humain s'évapore, pour ne laisser place qu'aux méditations.

Tel a été, Mesdames et Messieurs, le principal résultat de ma dernière campagne de fouilles. Il constitue à peine le premier pas dans la voie de ce qu'il reste à faire à Antinoë.

D'abord, je n'ai pu fouiller jusqu'ici que dans les quartiers de cimetière affectés aux sépultures des classes moyennes, qui n'osaient prétendre au luxe de l'hypogée. De sépultures patriciennes, nulles traces, le chevalier romain ou byzantin se faisant, à l'exemple du grand seigneur égyptien, creuser tout un appartement funèbre aux flancs de la montagne, dont toute trace a disparu.

Or, si dans la plaine du désert, qui, elle aussi, n'a pas gardé trace des sépultures qu'elle renferme, les travaux d'exploration sont faciles, et par conséquent peu coûteux, il n'en est plus de même, lorsqu'il faut s'attaquer à la roche. La montagne, calcinée par des siècles de soleil, s'effrite et s'éboule, il faut abattre des quartiers de rocs roulés, arrêtés sur les pentes; retourner des mètres cubes de pierre, pour arriver à la paroi vive, et, l'entrée de la tombe enfin dégagée, la boiser, ainsi qu'une galerie de mine, pour prévenir les éboulements. Pour tout cela, les crédits m'ont fait jusqu'ici défaut.

Un double but reste à atteindre pourtant: retrouver ces tombes patriciennes; retrouver celles des pontifes du culte de l'Osiris-Antinoüs et les triomphateurs des jeux olympiques. Mais un but suprême est plus haut encore : retrouver le tombeau d'Antinoüs. Quelle richesse ne nous révélerait point ces tombes, à en juger par ce que rendent celles des classes moyennes! Ce serait le luxe fabuleux de la décadence de Rome et de By-

CROIX ANSÉE.
Sépulture
de Thaïs d'Antinoë.

zance devenu palpable; les vêtements de tissus précieux, les bijoux d'or, les parures de joyaux! Ce serait les tapisseries, les bronzes, les cristaux, les ivoires venus de Constantinople, de Sidon, de Tyr et de la Grèce; les dépouilles de l'Orient, les couronnes dont se paraient les fronts des vainqueurs des jeux, institués en l'honneur d'Antinoüs.

Cette exploration complète, la ferai-je jamais? L'importance des travaux est telle, qu'il est à craindre que d'ici longtemps les crédits nécessaires ne pourront être trouvés.

# TABLE DES GRAVURES

# TABLE

48 222. — PARIS, IMPRIMERIE LAHURE

9, rue de Fleurus, 9

www.ingramcontent.com/pod-product-compliance
Lightning Source LLC
Chambersburg PA
CBHW061252060726
47596CB00002B/559